Tools for

by Lori

See the sign.

PARK
STOOP & SCOOP
PICK UP AFTER YOUR PET

See the map.

503
Km. 16
512
Km. 14
MONTERONI D'ARBIA
500B
Cuna
LUCIGNANO D'ARBIA
550
S. Fabiano
Pod. S. Piero
S. Alberto
Poggio Castelli
549
Ponte d'Arbia
512
513
550
Casale
Chiusure Buonconvento
Sole
Val di Sterti
543
Montauto
Chiusure
Villanuova
Palazzo
522
S. Martino in Grania
Mucigliani
Pod. Monte dei Corsi
Montefranchi
Mirabello
511
Rintessone
Milanino
524
Chiusure
Rigoli di Sopra
Rigoli
Palazzo Venturi
Abbadia a Rofeno
Montemori
Pievina
541
Carlano
Montefiori
Pod. Caliano
504
Palazzo Monaci
Segale
Pod. Moro
Monte Sante Marie
Pod. Dienone
Pod. Ierso
541a
Borro La Copra
Asciano
ASCIANO
N
sentieri
Grandi Sentieri Provincia di Siena (Direttrici) Percorsi Treno Natura
Voi siete qui
fermata ferroviaria
centro storico
castello
torrione - fortificazione
abbazia
altri edifici religiosi
grancia del Santa Maria della Scala
villa
mulino
ponte storico
casa colonica di interesse architettonico
area archeologica
giardino storico
sorgente termale
museo
grotta
cava storica

See the leaf.

See the bug.

See the boat.

See the bird.

See the moon.

See the stars.